I0487220

MASSIMO CASAROTTI

Il Mentore dei tempi moderni

Come ottenere cose fatte dai collaboratori

Indice

Prefazione

Tu sei già bravo

Perché leggere il libro

Il libero arbitrio

Impara l'arte e mettila da parte

Consigliere fidato

Guida saggia

Precettore

Programma finale

Bibliografia

Prefazione

Questo libro è figlio di una decennale esperienza nella consulenza d'azienda che negli anni ho approfondito grazie alla fiducia concessami dagli imprenditori della PMI[1].

Naturalmente non posso dimenticare i miei mentori che si sono succeduti in questi anni nel mio lavoro, persone che hanno creduto in me e sono riusciti a tirare fuori le mie capacità. Quindi questo libro è merito anche della loro tenacia di non lasciarmi solo nei momenti di difficoltà.

Inoltre questo lavoro è il frutto di una serie di riflessioni e di esperienze vissute in prima persona, che mi hanno portato a mettere nero su bianco le mie conoscenze su come rendere produttive le persone, senza

---

[1] PMI abbreviazione di Piccola Media Impresa

utilizzare né strane alchimie né teorie di massimi sistemi.

Infatti questo libro riscopre valori che sono insiti in ogni persona, quali l'etica, l'aiuto, la proattività. Valori che il più delle volte vengono accantonati per far posto ad altri, quali egoismo o la ricerca del benessere esclusivamente personale.

Pertanto questo lavoro può essere rivolto a chiunque, perché l'obiettivo di questo libro è far si che le persone possano raggiungere, con il minimo sforzo, gli obiettivi che si sono prefissati.

Certamente i contenuti sono più vicini a persone che ricoprono ruoli di responsabilità, mansioni che impongono la gestione di un gruppo di persone, in quanto questo manuale è il risultato del Corso Mentore che tengo ormai regolarmente presso i miei amici clienti.

Tu sei già bravo

Caro lettore, se stai leggendo questo libro è mio dovere ringraziarti del tempo e del denaro che hai investito in queste pagine.

Mi stai offrendo una grande possibilità e nello stesso tempo mi stai caricando di un'importante responsabilità: aiutarti a relazionarti e gestire meglio le persone per ottenere cose fatte.

Sarò sincero con te, quindi è mio dovere dirti che in queste pagine non ti insegnerò niente che tu già non sappia e soprattutto non ti dimostrerò che sono più bravo di te nel gestire le persone.

La mia responsabilità è quella di farti analizzare, pianificare, mettere in pratica una serie di comportamenti per ottenere risultati dalle persone che dipendono da te.

Non voglio sembrarti un saccente, anzi tutt'altro. Se stai leggendo questo libro è molto probabile che la tua attività lavorativa ti porta a dover gestire delle persone, quindi è altrettanto evidente che questa posizione è il risultato di un duro lavoro e di sacrifici da parte tua. Pertanto negli anni sono state più le azioni positive che hai compiuto che quelle negative.

Ti dico questo perché sto osservando l'ovvio: come mai una persona che svolge un attività dove non ha collaboratori da gestire legge il mio libro? Forse per la curiosità, forse perché un amico glielo ha segnalato, forse sei un formatore che vuoi trovare degli spunti da riproporre nei tuoi corsi, forse perché il libro costa poco e potrei fare tante altre supposizioni.

Quindi penso che la risposta più ovvia sia che probabilmente tu sia un imprenditore, un manager, un responsabile, comunque qualcuno che deve gestire delle persone.

Se non credi al fatto che tu già stia facendo bene, ti voglio ricordare la teoria di Pareto[2]. Secondo il matematico esiste una legge naturale per cui il 20% delle cause genera l'80% degli effetti. Per tradurre, su 10 risultati 2 sono quelli che hanno il peso maggiore. Se analizzi il tuo fatturato l'80% di esso dipende da un 20% di clienti top. Nel gruppo che gestisci il 20% sono quelli più produttivi che ti generano l'80% dei risultati.

---

[2] **Vilfredo Federico Damaso Pareto** (Parigi, 1848 – Céligny, 1923) Nel 1897 Pareto, dimostrò che in una data regione solo pochi individui possedevano la maggior parte della ricchezza. Questa osservazione ispirò la cosiddetta "legge 80/20", una legge empirica nota anche con il nome di **principio di Pareto** (o *principio della scarsità dei fattori*).

Senza che me ne voglia Pareto, dato che sono un inguaribile positivo, in base al principio della proprietà transitiva se invertendo i fattori il risultato non cambia, potremmo leggere la stessa regola in maniera diversa. Ossia potremmo dire che su 10 azioni 8 sono risultati e 2 non li sono. Potremmo dire che l'80% del tuo fatturato è formato da clienti etici come te e il 20% è formato da clienti che è "meglio perderli che trovarli"; su un gruppo di 10 collaboratori 8 sono persone produttive e 2 sono quelli che vorresti "mandare alla concorrenza per fargli un favore"[3].

Quindi in definitiva quello che voglio dire dalla mia rilettura della legge di Pareto è che in tutte le cose che fai c'è almeno un 20% di fattore rischio. Pertanto tu puoi lavorare solo

---

[3] citazione che si riferisce a collaboratori improduttivi che vorresti allontanare dalla tua azienda o ricollocare in altre mansioni.

per contenere il 20% di rischio sapendo che, nonostante tutto, non puoi essere esente dai rischi dei "fattori esterni"[4].

Se ancora hai dubbi sul fatto che tu sei già bravo ti invito a rispondere a queste domande:

1. Da quanto tempo operi sul mercato?

2. Quanti dipendenti hai?

3. Quanto è stato il tuo fatturato l'anno scorso?

Bene ti posso informare che da uno studio effettuato da INFOCAMERE e UNIONCAMERE emerge che le imprese italiane vivono in media 12 anni, di queste 1 impresa su 4

---

[4] Intendo quelle situazioni che nonostante i tuoi sforzi non puoi controllare. Situazioni previste pure dalla nostra legislazione sotto la voce eventi naturali.

chiude entro i primi 3 anni di vita, oltre 4 su 10 chiude entro i primi 5 anni di attività[5].

In conclusione posso dirti che tu sei già BRAVO!!!

---

[5] Infocamere e Unioncamere, Roma 30 ottobre 2002 – Movimprese "Natalità e mortalità delle imprese italiane registrate presso la camera di commercio"

Perché leggere il libro

Questa è la domanda principale. Sono una persona che rispetta gli altri e a cui non piace illuderli. Ti devo dire che, più che usare belle parole, preferisco farti fare un esercizio.

Lo scopo di questo esercizio è far si che tu trovi la tua risposta, i tuoi personali motivi o meglio cosa ti spinge a continuare la lettura delle pagine che seguono.

L'esercizio è molto semplice. Hai bisogno di un foglio di carta, una penna, un luogo isolato dove concentrarti e di tanta sincerità da parte tua nel rispondere. Le domande sono molto aperte quindi decidi tu in base alla tua interpretazione dove indirizzare le risposte. Un piccolo aiuto: la prima risposta è quella che vale! Usa il cuore non la mente, così la risposta sarà più sincera possibile.

Ora rispondi alle domande che seguono:

- CHE COSA VOLEVI ESSERE CHE ANCORA NON SEI RIUSCITO A DIVENTARE?

- CHE COSA AVRESTI VOLUTO FARE CHE ANCORA NON SEI RIUSCITO A METTERE IN PRATICA?

- CHE COSA AVRESTI VOLUTO AVERE CHE ANCORA NON SEI RIUSCITO AD OTTENERE?

Le risposte che hai scritto sono i motivi che ti hanno spinto prima a scegliere questo libro e poi a continuare nella tua lettura. Sono i motivi che ti spingono alla continua ricerca di spunti, di azioni per arrivare prima ai tuoi risultati, di analisi e riflessioni su come risolvere una volta per sempre i tuoi problemi.

Se hai dato risposte non inerenti il lavoro la sostanza del mio discorso non cambia. Riflettici, tutto è collegato: ad esempio se vuoi comprare casa hai bisogno di soldi e per avere i soldi hai bisogno di una rendita che deriva normalmente dal lavoro.

A prescindere da ciò che hai scritto devi sapere che TU HAI GIA TUTTE LE RISPOSTE!!!

Infatti nel corso della tua vita hai superato tantissimi problemi con successo, ottenuto ottimi risultati quindi se ci sei riuscito una volta come mai non ci riesci di nuovo?

Puoi leggere mille libri di motivazione, libri sulle caratteristiche delle persone di successo, libri sulle teorie della proattività, sulla comunicazione efficace, sull'autostima e quant'altro ma la verità è che nessuno potrà darti la soluzione definitiva.

L'unica cosa che tu puoi fare è decidere veramente di voler prima migliorare, poi applicare ed infine faticare duramente per ottenere ciò che ti sei prefissato.

Non ci sono altre regole: Volere è Potere!!!

Ora riprendi le tre risposte che hai scritto in precedenza. Per ognuna di esse scrivi:

A. QUALI SONO I VANTAGGI PER TE, PER LA TUA FAMIGLIA, PER IL TUO LAVORO;

B. CHI TI AIUTERA' A REALIZZARE CIO' CHE HAI SCRITTO;

C. QUALI SONO I VANTAGGI PER LE PERSONE COINVOLTE;

Ricordati che esiste una legge naturale, la cui origine si perde nella notte dei tempi, ancora attuale e funzionante, una legge basilare di tante religioni compresa quella cristiana: DARE PER AVERE!!!

Devo essere franco e diretto con te: ti dico semplicemente che se tu non realizzi o aiuti a realizzare gli obiettivi di chi ti sta intorno e li fai vincere come persone, non otterrai mai nulla di duraturo. La storia è piena di persone che non hanno applicato questa regola.

Imprese sono fallite per non aver applicato questa regola o hanno avuto grosse difficoltà. Possiamo riassumere che chi ha messo al centro delle sue azioni esclusivamente il proprio ed unico interesse personale si è ritrovato sempre con "un nulla di fatto".

Per citare un esempio su tutti: quanti imperi assoluti sono vigenti ancora oggi? Oppure quante monarchie assolute sono vigenti ancora oggi?[6]

Quindi come imprenditore, manager o responsabile, la domanda che ti devi porre è: "PERCHE' I MIEI UOMINI DEVONO LAVORARE PER REALIZZARE I MIEI SOGNI?

Se la risposta è per vedermi più felice, chiudi il libro e corri a fare selezione per trovare

---

[6] Mi riferisco a monarchie dove il sovrano ha pieni poteri legislativi, di governo e di giustizia e il popolo non ha nessuno potere di voto.

nuovo personale. Presto i tuoi migliori collaboratori verranno da te con la lettera di dimissioni in mano!!!

Se ci pensi bene forse anche tu prima di essere un titolare, un manager, un responsabile hai incontrato e sei stato alle dipendenze di un capo. Ossia una persona rigida mentalmente, poco propensa al cambiamento che bocciava le tue proposte si sviluppo aziendale. Una persona che ti faceva notare con puntualità le cose sbagliate e nello stesso tempo dava per scontato i tuoi risultati e che ora, fortunatamente, non lavora più con te perché tu hai deciso di lasciare quella azienda.

Quindi perché il tuo attuale collaboratore non potrebbe prendere la tua stessa decisione?

Io personalmente ho deciso di cambiare azienda e ti dirò "per fortuna", perché sono riuscito a trovare la mia strada lavorativa.

Il libero arbitrio

Caro amico, se hai preso coscienza di essere una persona capace e che per realizzare i tuoi obiettivi devi decidere veramente di poterli ottenere grazie all'aiuto di chi ti sta intorno, come mai è così difficile poter mettere in pratica questi semplici punti di vista? Come mai, nonostante i tuoi sforzi e la voglia di far star bene le persone che lavorano con te, queste non fanno sempre ciò che gli chiedi?

Questa domanda mi è stata rivolta tante volte dai miei amici imprenditori, persone capaci di avere importanti fatturati che operano nel mercato da generazioni. È la domanda che genera uno dei più grandi problemi all'interno delle aziende italiane.

La risposta più ovvia e banale è: "perché i miei collaboratori non sono come me!" oppure: "Io quando ero dipendente mi comportavo in modo più responsabile", ma ciò innesca in chi ha ruoli di responsabilità un senso di onnipotenza.

Voglio dirti che inizia un processo di delega al fattorino[7], una delega di azioni dove viene

---

[7] Stephen Covey libro " I sette pilastri del successo"

preclusa ogni responsabilità e potere discrezionale da parte di chi esegue. Mi riferisco alle maggior parte delle disposizioni che un responsabile impartisce ai suoi uomini come "devi mettere a posto il magazzino", oppure "contatta tutti i clienti", o ancora "rispondi al telefono". Queste disposizioni mancano innanzitutto di un risultato[8], tema che affronterò successivamente, di un tempo di esecuzione, di specifiche dettagliate e precise sul come e quali principi rispettare. Il minimo che ti può capitare in caso di mancata esecuzione da parte del tuo collaboratore è il classico "non avevo capito" oppure "pensavo che intendevi in questo modo" e così via.

Ritornando alla domanda principale, ossia "Come mai nonostante i miei sforzi e la voglia di far star bene le persone che

---

[8] Risulato: cosa vuoi ottenere in termini di quantità e qualità, ossia una cosa oggettiva, di valore e scambiabile con altri

lavorano con me, queste non fanno sempre ciò che gli chiedo", la risposta più semplice e corretta è che i tuoi collaboratori sono persone come te!!!

Se ti sembra troppo banale rispondi a queste domande:

- ◙ COSA TI SPINGE A FARE QUALCOSA?

- ◙ FARESTI MAI UNA COSA CHE NON TI PIACE O NON SEI PORTATO A FARE?

- ◙ COME REAGISCI SE TI OBBLIGANO A FARE QUALCOSA?

- ◙ FARESTI QUALCOSA SOLO PERCHE' TI VIENE DETTA?

Le risposte che hai dato tu sono le stesse date dalla maggior parte delle persone. Se sei come San Tommaso, ossia non credi a ciò che ti sto scrivendo, puoi sempre rivolgere queste domande ad altre persone e ascoltare le loro risposte.

Quindi se tu fai un'azione perché ciò che ti spinge è il piacere di farlo, se normalmente tendi ad evitare una cosa perché non sei abile a farlo, se provi emozioni negative ad essere obbligato a fare qualcosa e tendenzialmente non fai qualcosa tanto per farla se non sai il motivo, perché pensi che i tuoi collaboratori debbano eseguire alla lettera come robot i tuoi ordini solo perché glielo chiedi?

È vero che Machiavelli nel suo libro "Il Principe" citava *"La condizione ideale per un principe è quella di essere ad un tempo amato e temuto, ma se non è possibile avere le due cose insieme è da preferire l'essere temuto. La natura degli uomini, infatti, è tale che è molto piú facile offendere chi si fa amare piuttosto che chi si fa temere[9]."*

Concetto e parole importanti ma questo principio era attuale nel 1500. Se fosse

[9] N. Machiavelli, *Il Principe*, cap. XVII

tutt'ora vigente non si sarebbero scritte pagine di storia per difendere i valori della democrazia.

Se come responsabile sei rimasto legato al pensiero di Machiavelli ti invito a leggere trattati moderni di management e di gestione delle risorse umane.

In definitiva devi aver chiaro che tu sei come i tuoi collaboratori, come loro dotato del bene più prezioso che Dio ha potuto donarci: il libero arbitrio.

Dal dizionario, arbitrio è la libertà di volere, come fondamento della responsabilità morale. Un'altra definizione che viene data alla parola arbitrio è la facoltà di valutare e operare secondo la propria volontà.

Pertanto tu puoi solo lavorare per portare il tuo collaboratore a ridurre al minimo il 20% degli errori o delle possibilità che non esegua i tuoi ordini.

Quindi anche tu devi iniziare ad esercitare il tuo libero arbitrio.

Riprendendo la definizione del vocabolario[10], devi lavorare sulla tua responsabilità e sulla tua capacità di operare.

Utilizzando la definizione del vocabolario, la responsabilità è la consapevolezza di dover rispondere alle azioni proprie o altrui. Si legge ancora che la responsabilità si manifesta attraverso un'azione concreta derivante da tale consapevolezza.

Questa definizione vuole farti accettare il fatto che tu, come responsabile di un gruppo, quando i tuoi uomini non ottengono i risultati richiesti, devi rispondere per loro. Non devi nasconderti dietro un dito e dare la colpa ai tuoi collaboratori: il primo errore lo

---

[10] la libertà di volere, come fondamento della **responsabilità** morale. Un'altra definizione che viene data alla parola arbitrio è la facoltà di valutare e operare secondo la propria volontà.

hai fatto tu. Hai delegato male, non hai dato informazioni precise ai tuoi uomini, non hai controllato, verificato e aiutato la persona a raggiungere lo scopo che ti eri prefissato. E se hai fatto tutto ciò, chiediti come lo hai fatto? Mentre dovevi risolvere altri problemi, oppure mentre stavi parlando con altri interlocutori, o ancora mentre stavi parlando con il direttore di banca?

Scusa se sono provocatorio con te ma mentre stai col tuo migliore cliente sei concentrato su di lui o mentre lui parla pensi o sei distratto da altre mille cose?

Voglio farti ragionare su una cosa. Quanto fattura il tuo migliore cliente all'anno? Quanto al mese? Ora quanto fattura il tuo miglior venditore all'anno o al mese? Quanta produzione riesce a realizzare il tuo responsabile operativo all'anno o al mese?

Pensaci bene. Chi mantiene e realizza la

promessa che l'azienda che rappresenti fa con i propri clienti?

Quindi prendi l'agenda e fissa del tempo da passare con i tuoi uomini e in quei momenti loro sono le persone più importanti della tua vita.

Come responsabile, inoltre, devi lavorare sulla tua capacità di operare ossia, come cita il vocabolario, sulla capacità di agire, fare, compiere azioni e produrre effetti.

Quando dai delle disposizioni ad un tuo collaboratore per ottenere degli effetti positivi, o meglio dei risultati per te, per lui e per l'azienda per cui lavori, pensa che stai tracciando una strada. Devi dare una meta e un tempo di percorrenza, ossia rendere chiaro qual è il risultato tangibile che vuoi ottenere e un tempo definito per realizzare quella cosa, alzare il guardrail, cioè le barriere di sicurezza rappresentate sia dai valori che il collaboratore deve rispettare, che le regole di esperienza insite in quel compito. Lasciare il collaboratore libero di guidare come meglio crede, e di creare il modo migliore per farlo.

Naturalmente ogni individuo farà un'azione scegliendo la strada più facile e più breve in base alle sue abilità ed esperienze. Tu puoi solo lavorare affinché non cada nel burrone o faccia incidenti.

In definitiva voglio dire che UN **RISULTATO** E' OTTENUTO DA UN OPERATO **(AGIRE)** SCATURENTE DA UNA FACOLTA' DI ANALISI **(IDEE)**.

Se hai dei dubbi su ciò che sto scrivendo ti invito a fare un esercizio:

- ▣ SCRIVI UN EPISODIO DOVE UNA PERSONA HA RISOLTO UN PROBLEMA AL POSTO TUO

◨ SCRIVI UN EPISODIO DOVE UNA PERSONA TI HA INSEGNATO A SUPERARE UN PROBLEMA E TU LO HAI RISOLTO

Quando una persona ha risolto un problema al tuo posto come ti sei sentito? Più abile? Più sicuro? Oppure ti sei chiesto se avresti potuto farlo anche tu?

Nel secondo caso, quando una persona ti ha insegnato a risolvere un problema e tu con i tuoi sforzi sei riuscito a trovare la soluzione, come ti sei sentito? Eri contento? Più motivato? Credevi di più in te stesso?

La persona che lavora per te e prova le stesse sensazioni che hai provato tu, nel secondo caso sarà più produttiva? La prossima volta che dovrà eseguire una mansione, si lascerà guidare da te ascoltando i tuoi consigli? E soprattutto migliorerà le sue abilità?

Se come persona lavori solo per dire alle

persone cosa e come fare, pagherai solo le loro braccia e le loro gambe.

Se lavori come un mastro di bottega insegni un mestiere!

Se lavori solo per pagare le gambe e le braccia delle persone, sei libero di farlo ma ricorda che, sempre secondo il vocabolario, la parola arbitrio ha altri significati. Infatti può voler dire abuso, ossia "uso cattivo" o "irregolarità", ma anche capriccio, cioè un fenomeno o avvenimento fuori dal comune.

Quindi stai attento perché in definitiva il tuo collaboratore agirà secondo i suoi schemi mentali per arrivare al risultato delegato, o meglio farà di testa sua.

Questo implica per l'azienda tempo eccessivo di utilizzo di una risorsa su un compito, rallentamento del ciclo produttivo aziendale, sovraccarico del personale più capace, straordinari da pagare, demotivazione e collera in capo a chi ha la responsabilità all'interno dell'azienda e tanti altri fenomeni.

Impara l'arte e mettila da parte

"La Paremiologia, o studio dei proverbi, ha una tradizione molto antica in ogni parte del mondo e se ne trova riferimento perfino nella Bibbia.

Ascoltare, parlare, leggere devono essere fatti con gioia, con desiderio, con curiosità, solo così potranno essere dei veri strumenti di consolidamento e di crescita della cultura popolare. "[11]

---

[11] www.proverbi-italiani.it

Con il Proverbio voglio evidenziare l'importanza dell'imparare a svolgere una attività lavorativa che, prima o poi, permetterà di essere sfruttata vantaggiosamente.

Quante volte abbiamo sentito dire questo proverbio e chissà in quali contesti e per specificare quali significati. Dato che il mio libro parla di come un responsabile possa ottenere cose fatte da parte dei propri collaboratori, indirizzerò il proverbio su questo aspetto.

Applicando questo proverbio è facile intuire che, per ottenere risultati dal proprio collaboratore, è prioritario formare le persone per dare la competenza necessaria a realizzare ciò che è stato impartito.

È importante non sottovalutare questo aspetto. Dalla mia esperienza ho notato come le aziende, in momenti di difficoltà, tendono a risparmiare o addirittura eliminare dal budget le risorse economiche dedicate alla formazione e promozione.

La spiegazione è semplice: questi sono costi che non comprano niente. Quindi le aziende preferiscono concentrarsi nel breve periodo piuttosto che guardare a medio - lungo termine.

A prescindere dal giusto o sbagliato, quello che osservo è che le aziende che hanno fatto investimenti sostanziali nel settore formazione, marketing e ricerca e sviluppo, sono quelle che hanno alla fine dell'anno utili importanti.

Pensaci bene. In un mondo dove la globalizzazione non è solo un fenomeno oggetto di discussione, ma ormai una vera realtà, dove paesi emergenti favoriscono le produzioni con manodopera a basso costo, dove la possibilità e la facilità di inserimento nel mercato di aziende simili con prodotti simili è ormai assodata, l'unica cosa che non si può copiare o meglio riprodurre sono le risorse umane e il loro capitale intellettuale.

Voglio chiarire ulteriormente: se vai in un negozio troverai tanti prodotti; prendine uno. Di questo prodotto ci sono tante marche e tanti formati , lunghi, corti, colorati, non colorati, con una o l'altra peculiarità. Prendi il genere che ti piace e acquisti regolarmente. Ora osserva quante marche ci sono. Cosa ti spinge a comprare quello che hai scelto, a parità di condizioni? Probabilmente entrano in gioco fattori esterni al prodotto quali la confezione, la pubblicità che hai visto, la promozione economica sul prodotto, il gadget, o perché una persona fidata ti ha detto che sono i più buoni.

Ora, secondo te, tutti questi fattori sono inerenti esclusivamente alla catena di montaggio per produrre il bene o sono collegati alla creatività delle persone che lavorano nel Marketing?

Se vuoi avere un vantaggio competitivo nel mercato devi lavorare sul valore del prodotto o del servizio percepito dal tuo cliente, piuttosto che sulle caratteristiche intrinseche dello stesso. Devi logicamente lavorare sia sulla ricerca e sviluppo per migliorare il prodotto e servizio stesso, perché potresti mettere sul mercato un bene non in linea con le esigenze del cliente, quanto sulle capacità tecniche e relazionali delle persone che lavorano per te, per aumentare la percezione che il cliente ha dell'azienda dalla quale si serve, affinché venga considerata un partner affidabile. Partner capace di essere vicino al cliente, di essere un amico del cliente, pronto a risolvere qualsiasi disservizio.

Riprendendo l'esempio di prima, in quale negozio vai a comprare a parità di condizioni? Quelli dove, quando hai bisogno di un aiuto per trovare ciò che cerchi e chiedi alla commessa, questa ti risponde stizzita "stanno là!" indicandoti lo scaffale, o quelli dove la commessa con un sorriso e cortesia ti risponde "se mi dice quale uso ne vuole fare, non solo l'accompagno, ma posso suggerirle il prodotto più adatto?"
Quando mi capita di relazionarmi con la prima commessa, la cosa che penso subito è che l'azienda non sta formando i propri collaboratori. Come fa la persona a rendersi conto che un suo atteggiamento sbagliato non solo crea un danno di immagine all'azienda per la quale lavora ma induce l'acquirente a non tornare a comprare, se

nessuno l'ha formata a dovere su come relazionarsi col cliente?

Citando Nelson Mandela "l'istruzione e la formazione sono le armi più potenti che si possono utilizzare per cambiare il mondo."

Quindi anche tu devi imparare l'arte e metterla da parte, ossia devi passare dall'essere un responsabile che gestisce persone all'essere un mentore per loro.

Devi passare da colui che organizza il lavoro, le risorse ed i capitali per produrre beni e servizi venduti sul mercato, a CONSIGLIERE FIDATO, GUIDA SAGGIA, PRECETTORE[12], ossia un mentore capace di dare istruzioni, di insegnare, di impartire ordini.

---

[12] Dal vocabolario le caratteristiche del mentore.

Se ci pensi bene tutti noi abbiamo avuto dei mentori e in modo naturale le prime persone con queste caratteristiche sono i nostri genitori che da piccoli ci consigliano, ci guidano e ci danno ordini.

Quindi come responsabile devi essere un genitore per i tuoi collaboratori, saper alternare la carota ed il bastone[13], devi essere un esempio per loro, perché NON OTTERRAI MAI NULLA DAGLI ALTRI SE NON SEI IL PRIMO AD ESSERE DISPOSTO A FARE QUELLA COSA!

_____

[13] Premi e punizioni

Consigliere fidato

Come precedentemente affrontato, per ottenere cose fatte dalle persone è importante passare da un ruolo di responsabile ad un ruolo di mentore. Abbiamo analizzato che il mentore ha tre caratteristiche importanti: è un consigliere fidato, è una guida saggia, è un precettore.

Iniziamo ad approfondire la prima caratteristica, ossia essere un consigliere fidato.

Per prima cosa scindiamo la caratteristica nelle due parole che la compongono: consigliere, fidato.

Il consigliere, si legge sul vocabolario, è colui che dà pareri a qualcuno per aiutarlo a risolvere dubbi o per indurlo a fare qualcosa.

Questa precisazione è molto importante per ribadire ulteriormente il ruolo delle persone che gestiscono persone. Rileggendo il concetto espresso nel vocabolario si evince a chiare lettere che un responsabile deve aiutare e indurre qualcuno a risolvere il problema, non fare l'azione in prima persona.

Come affrontato precedentemente, questa precisazione aiuta i responsabili ad evitare uno dei maggiori problemi delle aziende: il sovraccarico al vertice.

Con sovraccarico al vertice intendo quel fenomeno dove le persone che ricoprono un ruolo di responsabilità, quindi hanno capacità, esperienza e competenza più degli altri, sono impegnate per la maggior parte del loro tempo a risolvere in prima persona i problemi creati dai propri collaboratori. Questa situazione va contro il principio per cui viene assegnata una promozione; infatti l'azienda investe sulla bravura di queste persone per far diventare altrettanto abili i collaboratori che gli vengono affidati. Quindi come fanno le persone a essere sempre più autonome se il responsabile continua sempre a risolvere i problemi al posto loro? Come fanno i collaboratori a crescere se, in caso di problemi, vengono deresponsabilizzati dando loro la relativa soluzione? Come può il responsabile avere il tempo per formare, pianificare, coordinare e supervisionare i risultati del gruppo se è impegnato a risolvere le varie complicazioni?

La comprensione della parola consigliere evita che il fenomeno del sovraccarico al vertice generi nel tempo un altri fenomeni, prima fra tutti quello del responsabile accentratore. Quest'ultimo fenomeno si ha quando il responsabile, oltre a gestire e risolvere problemi creati dai suoi uomini e non potendosi dedicare allo sviluppo del proprio settore, a lungo andare inizierà a farsi un naturale domanda: perché fidarsi dei miei collaboratori se poi ogni volta che c'è un problema lo devo risolvere io? Perché investire tempo, quando ne ho già poco, sui miei uomini quando risolvendo io il problema ci metto di meno?

Continuando in questa spirale si arriva a pensare che le persone che lavorano nella propria azienda o divisione lo fanno solo per avere lo stipendio a fine mese, senza nessuna passione. Pertanto, più che pensare di avere dei collaboratori al tuo fianco, inizi a vederli come dei nemici e ti ritroverai solo nel momento del bisogno.

La cosa che più mi stupisce di tutto questo discorso è il fatto che non sia chiara la definizione di consigliere, ossia colui che dà pareri a qualcuno per **aiutarlo** a risolvere dubbi o per **indurlo** a fare qualcosa.

L'altra parola che compone la prima caratteristica del mentore è: fidato.

Una persona fidata è colui che dà affidamento, ossia che è degno di fiducia. Anche in questo caso l'aiuto del dizionario aiuta a chiarire bene il significato delle parole, e in questo caso delle caratteristiche del mentore.

Dalla definizione si legge "che dà affidamento", ossia qualcuno che dona per primo la propria fiducia. Dona agli altri l'onere di custodire, curare e difendere il risultato finale dell'azienda, ossia la promessa fatta al mercato ed ai propri clienti o potenziali tali.

Devi essere un responsabile degno di fiducia, ossia una persona che sia disposta a mettere davanti alla propria paura di delegare, nonché alle proprie perplessità sulle capacità dei suoi uomini, il coraggio di far crescere le abilità dei propri collaboratori, l'audacia di responsabilizzare i singoli individui, la forza di aiutarli a superare i loro limiti.

So che questa caratteristica è difficile da accettare e so quanti motivi ti portano ad evitare di applicare questi concetti, limitando la tua temerarietà, che ti contraddistingue in altri ambiti.

Pertanto fatti delle semplici domande

- I MIEI COLLABORATORI COME MI VEDONO?

- QUANDO PARLANO CON ME, MI DANNO DEL LEI? E IO, DO DEL LEI A LORO?

- PARLANO CON ME DEI LORO PROBLEMI PERSONALI?

- SO COSA PENSANO REALMENTE DELL'AZIENDA?

- MI CONSIDERANO UN AMICO NEL SENSO STRETTO DELLA PAROLA?

E ancora:

- QUANTO LI COINVOLGO NELLE DECISIONI IMPORTANTI/STRATEGICHE DELL'AZIENDA?

- PER LORO, SONO IL CONSULENTE CHE INTERPELLANO QUANDO PRENDONO DECISIONI?

- E LORO SONO I MIEI CONSIGLIERI FIDATI?

Ricorda che hanno più interesse i tuoi collaboratori che l'azienda vada bene, rispetto a tutti i consulenti esterni che puoi permetterti per far andare le cose nella giusta maniera.

Infatti il tuo collaboratore sa che se l'azienda va male lui rischia il posto di lavoro, con tutte le difficoltà personali che ne derivano nel ricollocarsi sul mercato, mentre un consulente esterno al massimo può sempre trovare un altro cliente da servire.

Quindi devi iniziare a capire che in azienda e nel gruppo che gestisci, i tuoi collaboratori sono tuoi amici e non persone da combattere. Sono i tuoi migliori clienti, perché ti aiutano a realizzare i tuoi risultati, quindi trattali come tali.

Non essere tu a creare divisioni interne ma diventa come Re Artù. Costruisci la tua tavola rotonda per far capire che tutti avete uguale importanza, che tu senza loro e loro senza te non realizzerete mai nessun risultato importante. Stabilisci i valori che contraddistinguono l'azienda e il tuo gruppo e rendili noti affinché tutti li possano condividere. Fai sì che le persone che lavorano per te siano i paladini che difendono e rappresentano tali valori sul mercato.

Quindi per accelerare l'applicazione della prima caratteristica del mentore, ossia un consigliere fidato, fissa un giorno e un orario della settimana da dedicare ai tuoi collaboratori, fai sì che quel giorno e quell'ora diventi lo spazio dedicato alla riunione. In quell'occasione dedicati a difendere i valori dell'azienda, a pianificare le azioni strategiche, ad osservare l'andamento statistico del lavoro del gruppo stabilendo insieme ciò che bisogna fare per migliorare o consolidare il trend. Utilizza quello spazio per fare formazione sulle persone.

Infine costruisci un piano di crescita personalizzato sulle persone, bilanciando formazione tecnica a formazione manageriale, alternando ad esempio corsi di sicurezza sul lavoro a corsi di gestione del tempo.

Ancora, fissa nella tua agenda quando farai affiancamenti personalizzati sui tuoi uomini e colloqui individuali. Anche in questo caso l'importante è che non siano azioni isolate ma che siano durature nel tempo ad intervalli regolari. Importante inoltre è non variare tempo o giorni per non generare difficoltà operative alle persone. Falle diventare una costante, un appuntamento fisso.

Guida Saggia

La seconda caratteristica che dobbiamo analizzare è incentrata sul concetto che il mentore è una guida saggia.

Come per la prima caratteristica, consigliere fidato, anche questo requisito è composto da due parole: guida e saggia.

Con l'aiuto del vocabolario, chiarendo il vocabolo guida si legge che "una guida è colui che indica la via da seguire". Nella definizione si legge anche che una guida ha come altri significati l'essere a capo, dirigere.

Come si può intuire questa definizione rispecchia la traduzione della parola inglese di leader. Concetto che la tradizionale dottrina ha più volte specificato e analizzato nonché dato indicazioni su come il titolare dell'azienda o manager deve intendere il suo ruolo.

Nella maggior parte della letteratura riguardante il management aziendale, si può constatare come il concetto di leader sia strettamente collegato alla capacità naturale che un individuo ha nel farsi seguire dagli altri. Capacità che essendo naturale è a patrimonio di tutti.

Come tutte le abilità se non viene allenata ed esercitata quotidianamente, si ha difficoltà a padroneggiarla al meglio, per ottenere il massimo della sua efficacia.

Per spiegare meglio questo concetto, ossia la capacità di farsi seguire dagli altri, è bene fare degli esempi.

Se si osserva un neonato, possiamo constatare come questa dote sia ben presente. Il piccolo piange e la mamma lo sfama attaccandolo al seno. Il piccino si lamenta e la mamma lo cambia. Il neonato allunga le minute braccia e la mamma lo prende in braccio cullandolo sul petto. Come si può notare senza che il neonato parli, ha una capacità d'intelletto sviluppata e riesce a farsi seguire da un adulto.

Crescendo questa sua capacità inizia a perdere di forza ed efficacia, ma non sparisce. Il bambino crescendo applicherà questa sua capacità di essere una guida nei campi della vita dove si sente più sicuro, ossia dove ha sperimentato la gioia del successo. Pertanto può essere una guida per i suoi amici giocando a calcio all'oratorio perché nelle precedenti partite ha segnato tante reti, oppure può essere una guida a scuola perché è il primo della classe e aiuta i compagni a studiare e così via.

Ormai adulto questa capacità naturale continua a perdere di forza ed efficace, ma sempre rimane e non scompare. È solo che abbiamo smesso di allenarla ed esercitarla quotidianamente.

Abbiamo permesso che la nostra capacità di ragionare, di pensare e di giungere alle conclusioni, limitassero la consapevolezza di noi stessi: di conseguenza la nostra capacità di essere una guida.

Quante volte abbiamo pensato " sì, ma io non potrò mai essere come lui!" oppure "lui sì che è un leader che si fa seguire".

Queste frasi vengono pensate perché la lettura tradizionale che viene data al concetto di leader è strettamente collegata al concetto di persone straordinarie, che storicamente hanno cambiato la storia.

E tu quante volte hai cambiato la storia di un tuo amico, conoscente, di un familiare perché in qualche occasione ha seguito un tuo consiglio e si è fatto guidare da te?

Allora in base al concetto tradizionale tu non sei una guida, un leader.

Quindi la domanda da porsi è "come posso fare affinché la mia capacità di guida si possa esprimere nel mio lavoro per ottenere cose fatte dalle persone che lavorano con e per me?

In parte a questa domanda abbiamo già dato alcune risposte nei capitoli precedenti, su come cambiare il tuo punto di vista negli altri mettendo al centro la legge del dare per avere, su come devi passare dal fare da te il lavoro a insegnare il lavoro facendolo fare agli altri, su come rispettare il libero arbitrio degli altri e su come esercitare contestualmente il tuo.

Per dare risposta alla domanda sopra formulata vorrei approfondire ulteriormente il concetto di guida. Una guida deve essere leale.

Senza creare diatribe o essere sottoposto a critiche da parte di nessuno, secondo me, se dovessi identificare la più grande guida della storia, da cristiano quale sono direi Gesù. È evidente come l'istituzione della Chiesa Cattolica sia tra le forme di aggregazione di persone più duratura nel tempo. Prendendo spunto dal vangelo di Matteo possiamo leggere che *"GESU' DISSE AI SUOI SEGUACI CHE ERA VENUTO NON "PER ESSERE SERVITO MA PER SERVIRE E DARE LA SUA ANIMA IN CAMBIO DI MOLTI"*[14]

---

[14] Vangelo di Matteo 20:28

In questo passaggio si nota come una guida per ottenere il consenso e poter indicare la strada agli altri deve mettere gli altri al centro dei suoi interessi. Deve in altre parole far raggiungere le mete, far realizzare i sogni alle persone che affidano la loro fiducia e speranze alla guida che decidono di seguire.

Quindi tu come guida devi essere leale, mantenere la promessa fatta ai tuoi collaboratori, non scordarti mai che loro hanno deciso di seguirti perché sanno che in cambio materializzeranno i loro desideri.

Ad esempio se un tuo collaboratore vuole comprarsi una casa aiutalo a trovare il mutuo alle condizioni più agevolate, mettilo in contatto con il tuo consulente fiscale per informarsi se ci sono degli incentivi per chi compra la prima casa, portalo con te dal tuo legale perché possa chiarirsi eventuali dubbi sulla stipulazione del mutuo, se non ha un garante fallo tu. Per una persona cara lo faresti? Per tuo figlio lo faresti?

Perché non sei disposto a farlo per la persona che ti aiuta ogni giorno a realizzare il tuo business, i tuoi fatturati e i tuoi sogni?

Ricorda che un altro principio fondamentale del Cristianesimo, come la maggior parte delle religioni più importanti, si basa sul concetto "NON FARE AGLI ALTRI CIO' CHE NON VORRESTI FOSSE FATTO A TE".

Secondo Salvatore Natoli[15] ""*Non nuocere*" è il *principio dell'etica*, mentre "*Non nuocere all'altro*" è il *principio della giustizia*. Nel *Vangelo di Matteo* si legge"Fai agli altri quello che vorresti fosse fatto a te". La differenza è che mentre nel *non fare agli altri quello che non vorresti fosse fatto a te* il

---

[15] Salvatore Natoli professore ordinario di filosofia teoretica presso la Facoltà di Scienze della Formazione dell'Università degli Studi di Milano Bicocca.

principio è il *non nuocere*, nel *fare agli altri quello che vorresti fosse fatto a te* il principio è *l'aiutare chi soffre, perdonare chi ha sbagliato, sollevare chi è caduto.*"

Quindi Salvatore Natoli continua arrivando alla conclusione, personalmente condivisa, che L'etica diventa l'etica del dono, e nella quotidianità questa é la più necessaria.

Passando ad analizzare la seconda parte della caratteristica del mentore, chiariamo la parola "saggia".

Utilizzando sempre il vocabolario si legge che una persona saggia è dotata di saggezza, ossia della capacità di agire, valutare, consigliare con prudenza ed equilibrio.

Possiamo dire che è una persona dotata di BUON SENSO.

Una precisazione. Sempre nel vocabolario si legge anche che una persona saggia è colei che è chiamata al di sopra delle parti per dare un parere su una questione controversa. Come detto, ricordati di "non dare il pesce all'affamato ma di insegnargli a pescare". Quindi non risolvere tu in prima persona la controversia ma insegna e aiuta la persona affinché si adoperi per superare la difficoltà.

Concentriamoci ora su come poter applicare il buon senso.

Per prima cosa assegna compiti in base ai risultati, alle azioni da compiere e, infine, alle abilità necessarie.

Enrico Auteri[16] nel suo libro Management delle Risorse Umane scrive *"immaginando un'ipotetica sequenza, le persone una volta reclutate, vengono selezionate. La finalità e' quella di individuare i soggetti che per le*

---

[16] Enrico Auteri Presidente ISVOR-FIAT e Presidente AIF e autore del libro "Management delle risorse umane"

competenze possedute (espresse in termini di conoscenze,capacità e qualità) sembrano, anche sulla base di prove oggettive, le più idonee a svolgere il lavoro a cui si intende avviarle".[17]

Ricorda il detto di Confucio[18] "Esistono tre modi per imparare la saggezza: primo, con la riflessione, che è il metodo più nobile; secondo, con l'imitazione, che è il metodo più facile; terzo, con l'esperienza, che è il metodo più amaro.

Precettore

La terza caratteristica del mentore, dopo consigliere fidato e guida saggia, è l'essere precettore, ossia colui che impartisce precetti e dà informazioni.

---

[17] Enrico Auteri "Management delle risorse umane", Parte I, cap 6.4 La selezione.

[18] Confucio (551 a.C. – 479 a.C.) è stato un filosofo cinese. La sua speculazione filosofica ha dato origine ad una intera tradizione culturale, il Confucianesimo.

Dal vocabolario si legge che il precetto ha come sinonimi norma, comandamento e regola.

Negli altri significati elencati dal vocabolario, il precetto è anche un'intimidazione di adempiere ad un obbligo, emessa dall'autorità. Quindi possiamo riassumere che il precetto è un ordine, o meglio una precisa disposizione data dal responsabile per il compimento di un determinato atto.

Da una prima analisi della nozione di precetto emerge che il suo significato è strettamente legato al concetto di autorità. Questo punto è importante perché potrebbe essere interpretato come utilizzo della propria posizione per ottenere un risultato da qualcuno.

Certo, è altrettanto vero che "l'uso della forza" in una situazione limite possa servire per evitare danni maggiori, come è altrettanto vero che non può essere l'unico modo per ottenere l'adempimento di una disposizione.

Infatti ricordando i capitoli precedenti[19], il collaboratore è dotato di un proprio libero arbitrio, quindi se il responsabile non agisce comunque come un consigliere fidato e una guida saggia non otterrà l'adempimento di quell'obbligo, o lo otterrà in maniera parziale oppure otterrà quella cosa con il rischio che alla prossima occasione dovrà ridire le stesse cose al proprio collaboratore.

Quindi, piuttosto che usare l'autorità, è bene utilizzare l'autorevolezza[20], ossia la posizione che ti sei conquistato per meriti effettivi sul campo.

Pertanto, come responsabile e leader di un gruppo devi essere in grado di fare le cose e

---

[19] Cap. Libero arbitrio

[20] Autorevolezza: l'essere autorevole. Autorevole: si dice di persona che possiede un'autorità, un prestigio che gli deriva da capacità e meriti effettivi.

ottenere i risultati meglio del tuo diretto collaboratore. Voglio dire che, non è che devi sapere fare tutto il lavoro dal primo passo all'ultimo, specie se è un'azienda divisa in tanti settori, ma sicuramente lo devi fare meglio della persona che direttamente dipende da te. Ad esempio il titolare di un'azienda deve sapere ricoprire, anche in modo non così specifico, il ruolo del suo responsabile amministrativo, per poter controllare il suo operato. Così come deve saper ricoprire il ruolo di responsabile vendite e responsabile di produzione.

In questo modo hai quell'autorevolezza per poter dare ordini, sapendo che chi è incaricato della sua esecuzione trova in te un punto di riferimento in caso di necessità: trova un consigliere fidato e una guida saggia.

Per capire meglio questo concetto basta fare un piccolo esercizio di memoria.

Quando, in una situazione in cui ti sei trovato in difficoltà, chiedendo aiuto a qualcuno credendo che ne fosse capace, questi non ha saputo aiutarti perché non era competente, come ti sei sentito? Trovandoti nuovamente in difficoltà in un contesto simile, sei andato dalla stessa persona o da chi la volta prima ti ha aiutato a risolvere la prima difficoltà?

Quindi ricorda che per dare ordini devi essere in grado di farlo meglio del tuo diretto collaboratore.

Ritornando al concetto di precetto, abbiamo visto che la parola ha come sinonimi termini quali norma, regola e comando.

Analizziamo ora una delle caratteristiche del precetto, parlando della delega.

Stephen Covey[21] distingue due forme di delega che chiama: delega al fattorino e delega di responsabilità.

La **delega al fattorino** si traduce in un dare delle disposizioni rigide e definite come ad esempio "vai a prendere quel fascicolo, utilizza solo quel modulo, dimmi quando hai finito".

Differentemente, la **delega di responsabilità** si concentra sul risultato che si vuole ottenere facendo fare ad altri un lavoro. Essa non stabilisce in anticipo il metodo da utilizzare ma lascia libere le persone di scegliere come fare.

La differenza tra le due forme di delega è: nel primo caso si trasferisce il come fare, l'azione, nel secondo caso si comunica cosa si vuole ottenere, il risultato.

Pertanto delega cosa vuoi ottenere di compiuto, un risultato preciso e completo,

---

[21] Stephen Covey, "I setti pilastri del successo"

scambiabile in termini di qualità e quantità, lasciando al libero arbitrio della persona il come realizzarlo, purché rispetti i valori e le regole d'esperienze consolidate nel tempo.

Fai sì che il collaboratore comprenda l'importanza e l'utilità del risultato, per se stesso, per l'azienda e per il cliente finale, dando un tempo di esecuzione e realizzo di quella disposizione.

Importante è non sottovalutare il concetto del tempo e della sua percezione.

Ognuno assegna al tempo un proprio valore e una propria importanza. Ad esempio una frazione di secondo a molti non cambia la vita, per uno sportivo che si confronta in gare contro il tempo vuole dire riuscire o meno a fare il record mondiale nel suo sport.

Pertanto, per te che sei un responsabile di un gruppo chiamato a rispettare le strategie aziendali nei modi e nei tempi stabiliti, sicuramente il tempo ha un valore e una percezione differente dal tuo subordinato.

Quindi, quando assegni un compito gioca sulla percezione del tempo. Ad esempio, se sai che il tuo amico è perennemente in ritardo e ogni volta devi aspettarlo, inizia a dare appuntamenti con 30 minuti di anticipo. Pertanto, se l'appuntamento è alle 9,00 tu digli che l'appuntamento è alle 8,30, così almeno arriva puntuale e tu non devi aspettarlo e puoi impiegare fruttuosamente il tuo tempo.

Con lo stesso stratagemma quando assegni un compito, specifica dettagliatamente il tempo entro cui deve ottenere il risultato, rubando 15 minuti alla sua percezione del tempo.

In questo modo scatta nella testa delle persone l'effetto del biglietto aereo. Hai acquistato a caro prezzo e mesi prima il biglietto aereo che ti porterà nel posto di villeggiatura che hai scelto con cura, sai che se perdi l'aereo ti salta la desiderata vacanza nel luogo dei tuoi sogni. Cosa fai, prepari la valigia la mattina stessa quando il volo parte alle 8,00? Oppure inizi a prepararti e organizzare ciò che devi fare con anticipo rispetto all'orario di partenza dell'aereo?

Ancora, specificare il tempo ti da un altro vantaggio come responsabile: ti permette di monitorare "lo stato avanzamento lavori", ossia ti permette di capire quanto sia in anticipo o in ritardo sull'ottenimento del risultato. Puoi pertanto fare i controlli parziali, aiutare la persona a superare prima le difficoltà, a correggere in corsa eventuali azioni sbagliate e soprattutto essere preparato nei confronti di possibili sorprese e ritardi.

Ricorda come dice Anthony Robbins[22] "Il potere in questo mondo è una costante. O voi realizzate le vostre idee o qualcun'altro lo farà al vostro posto. Fate quel che volete

---

[22] Anthony Robbins, (Glendora, 29 febbraio 1960), è un formatore motivazionale, saggista statunitense. È considerato un guru dello Sviluppo Personale, disciplina che deriva dalla tradizione del self-help.

fare, oppure dovrete adeguarvi ai programmi che altri elaborano per voi."

Programma finale

Questo capitolo riassume nella pratica come riuscire a stabilire un piano di crescita per il proprio collaboratore, stabilendo sia il risultato da ottenere che il modo in cui farlo.

È bene esercitarsi mettendo per iscritto i vari passaggi, utilizzando il vecchio strumento della carta e penna, oppure un foglio Excel sul computer.

A prescindere dallo strumento, è importante seguire con ordine i vari passi del programma; lavoro che verrà diviso in quattro macro aree.

La Parte I è dedicata a chiarire il risultato da ottenere dal proprio collaboratore e come farlo (vedi tab.1)

Dividi il foglio in quattro sezioni: nella prima metti il risultato ultimo scambiabile, ossia il bene o servizio completo in ogni sua parte che rispecchia gli standard di qualità e quantità stabiliti dal settore scambiabile dietro corrispettivo.

Nella seconda colonna stabilisci quali sono i risultati intermedi da ottenere. Per facilitare l'individuazione dei risultati intermedi nella giusta sequenza prendi il risultato ultimato poi, a ritroso, metti in successione i sottoprodotti fino ad arrivare al punto di partenza.

Nella terza fila definisci le azioni necessarie per ogni risultato intermedio, in base sia alle norme da rispettare che all'esperienza reale acquisita nel settore, indicando come agire nei vari passaggi.

Nella quarta colonna individua le abilità necessarie per ottenere il risultato ultimato. Ossia individua quali caratteristiche bisogna avere per raggiungere prima l'obiettivo.

La Parte II è dedicata a stabilire se la persona incaricata per ottenere quel risultato sia quella giusta, o meglio stabilire in anticipo le azioni che come responsabile dovrai fare per aiutare il tuo collaboratore (vedi tab.2).

Nella prima fila scrivi il nome della persona incaricata dell'ottenimento del risultato.

Nella seconda colonna individua i cinque pregi che ha la persona a cui hai delegato. Come responsabile lo avrai osservato nel proprio lavoro e avrai notato delle abilità che lo aiutano nel suo lavoro. Un piccolo spunto, in caso non riuscissi a individuare le sue capacità; osserva come reagisce e supera i problemi lavorativi.

Nella terza sezione stabilisci i cinque difetti che ha, o meglio osserva cosa lo frena o gli impedisce di superare i problemi. Come si giustifica quando non ottiene una cosa?

L'ultima colonna è dedicata a rispondere ad una semplice domanda: come posso evitare, in base al carattere della persona delegata, gli errori nell'esecuzione del compito assegnato?

Nel rispondere è bene osservare le difficoltà che hai incontrato tu quando facevi quella cosa e come hai superato le difficoltà. Usa la tua esperienza maturata nel campo!

La Parte terza del programma finale è incentrata sull'attività di delega al collaboratore (vedi tab. 3).

Nella prima colonna inserisci il risultato ultimato che vuoi ottenere riprendendolo dalla prima sezione della prima tabella.

Leggilo insieme al tuo collaboratore, assicurandoti che abbia compreso nel dettaglio ciò che vuoi ottenere. Evita di fare domande chiuse e generali del tipo "hai capito?". Verificare vuole dire accertarsi che il collaboratore abbia effettivamente compreso cosa deve ottenere. Sono meglio domande del tipo "mi spieghi cosa intendo ottenere?", ossia interrogativi che obbligano la persona a ritrasmettere il messaggio ricevuto utilizzando i dati appena acquisiti. In questo modo riesci a verificare il grado di comprensione della persona.

Nella seconda fila stabilisci il termine entro il quale deve ottenere il risultato. Come abbiamo visto in precedenza, indicare con certezza il tempo, è un passo fondamentale per evitare lungaggini nell'esecuzione, per scongiurare che la cosa passi in secondo piano perché si dà priorità ad altre azioni, per poter esercitare controllo sull'esecuzione.

Nella terza sezione individua i valori che deve rispettare nell'adempimento di quel risultato.

Per valori intendo non solo principi cardini della tua società, ossia se uno slogan dell'azienda è "la qualità del nostro servizio a disposizione dei nostri clienti" il collaboratore non può ottenere una cosa di scarsa qualità, perché violerebbe una regola aurea dell'impresa per la quale lavora.

Per valori intento pure il buon senso e le regole d'esperienza consolidatesi nel tempo, che hanno portato l'azienda ad ottenere eccellenti risultati.

Nell'ultima colonna della Parte III vanno definiti i limiti che la persona deve rispettare per l'esecuzione del compito. Indicare ad esempio un budget di spesa, o un azione da evitare, ad esempio non concedere dilazioni di pagamento.

La parte IV del lavoro conclusivo è dedicata al controllo sul risultato (vedi tab. IV).

Nella prima colonna lasciate la responsabilità d'agire alla persona delegata. Come visto nel relativo capitolo dedicato al libero arbitrio, la persona stabilirà automaticamente la via che per lei è più semplice e veloce. Pertanto in questa colonna limitatevi a scrivere le risposte che vi darà alla domanda "SECONDO TE QUALI AZIONI FARAI PER OTTENERE IL RISULTATO?"

Nella seconda colonna stabilisci con la persona quando controllerai l'andamento del suo lavoro in base ai principali risultati parziali.

Questa indicazione è importante perché da una parte la persona è consapevole che verrà monitorata e dovrà sbrigarsi per non essere inadempiente nei vari controlli, dall'altra parte permette a te, responsabile, di poter aiutare la persona a raggiungere il risultato richiesto in termini di qualità e quantità.

La terza sezione è quella che chiamo un "diario di bordo", ti permette di annotare e stabilire una raccolta di azioni, di regole di esperienza, per crescere come mentore per i tuoi uomini. In questa parte devi scrivere la situazione in cui hai aiutato la persona a svolgere la sua mansione, quali azioni specifiche hai fatto per fargli superare le difficoltà e infine stabilire come un domani eviterai l'insorgere di quella circostanza.

L'ultima colonna è dedicata a creare un piano di crescita professionale per il collaboratore, stabilendo dei piani formativi personalizzati per rendere la persona più abile sia sotto il profilo tecnico, sia sotto il profilo caratteriale, relazionale e motivazionale.

Siamo giunti alla conclusione di un lavoro impegnativo e importante. Ho cercato di analizzare un tema manageriale complesso e nello stesso tempo incerto.

Incerto perché, nonostante si possano scrivere pagine e pagine di trattati, parliamo sempre di persone, di modi di pensare, agire e relazionarsi.

Quindi a differenza di una macchina, non c'è un libretto di istruzioni che ti dice come farla funzionare. Si può solo usare il buon senso o l'esperienza maturata nella gestione delle persone.

In questo modo ho scritto il libro, non per dare risposte assolute, ma per trasmettere la mia esperienza sviluppata quotidianamente nella gestione di persone.

Pertanto se sei arrivato fin qui, è mio dovere ringraziarti della fiducia e del tempo che hai dedicato alla lettura di queste pagine. Dato che il tuo giudizio è per me molto importante, ritengo utile lasciare la mia e-mail massimo.casarotti@gmail.com, dove potrai scrivere le tue valutazioni riguardo il testo che hai appena letto, oppure per avere ulteriori approfondimenti riguardo il management aziendale.

Mi congedo da te con la speranza di averti lasciato degli spunti da applicare subito nel tuo lavoro e con una citazione di Collen McCullough, P.Spinelli tratto dal libro "Il canto di Troia":

"Il duro lavoro, non la fortuna, porta al successo. La fortuna è ciò che succede nel momento in cui i dadi cadono sul tavolo. Il lavoro duro è ciò che succede quando un premio cade nelle mani di un uomo perché lui ci si è dedicato attivamente."

Sii il mentore dei tempi moderni

Tabella 1: Parte I – risultato da ottenere

RISULTATO ULTIMATO SCAMBIABILE	QUALI SONO I RISULTATI INTERMEDI	COSA/COME DEVE FARE	ABILITA'NECESSARIE PER OTTENERE IL RISULTATO ULTIMO
E' UN BENE/SERVIZIO COMPLETO IN OGNI SUA PARTE CHE RISPECCHIA GLI STANDARD DI QUANTITA' E QUALITA' STABILITI DAL SETTORE E SCAMBIABILE	A RITROSO METTI IN SEQUENZA I RISULTATI CHE PORTANO AL PRODOT/SERV FINITO	SCRIVI UN PIANO DETTAGLIATO D'AZIONI PER OGNI RISULTATO INTERMEDIO	EX ORGANIZZATO DETERMINATO SE HAI DIFFICOLTA' SCOPRI COSA ACCUMUNA I COLLABORATORI PIU' BRAVI DELLA TUA AZIENDA

Tabella 2: Parte II – Individuazione del collaboratore

NOME	QUALI SONO I 5 PREGI CHE HA	QUALI SONO I 5 DIFETTI CHE HA	COME POSSO EVITARE L' ERRORE
LA PERSONA INCARICATA DI PRODURRE QUEL RISULTATO	OSSERVA COME REAGISCE NEI MOMENTI DI DIFFICOLTA'. COME SI COMPORTA SE FOSSE SU UN ISOLA DESERTA?	OSSERVA LE SCUSE E COSA LO PORTA A NON AGIRE QUANDO NON OTTIENE LE COSE	QUANDO FACEVI TU QUELLA COSA QUALI ERANO LE DIFFICOLTA' A CUI SEI ANDATO INCONTRO?

Tabella 3: Parte III - delega del compito

CHIARIRE IL RISULTATO ULTIMO DA OTTENERE	STABILIRE IL TERMINE PER OTTENERE QUEL RISULTATO	DEFINIRE I VALORI DA RISPETTARE PER QUEL LAVORO	DEFINIRE COSA LA PERSONA DEVE EVITARE
STABILISCI NEI DETTAGLI COSA VUOI OTTENERE E FALLO COMPRENDERE AL TUO COLLABORATORE	INDICA UN TEMPO CERTO ENTRO IL QUALE LA PERSONA INCARICATA DEVE PRODURRE QUEL RISULTATO	STABILISCI I VALORI CHE DEVE RISPETTARE	STABILISCI I LIMITI DA RISPETTARE COSA DEVE EVITARE DI FARE

Tabella 4: parte IV – controllo sul risultato

CHIEDERE SECONDO LUI COME FAREBBE PER OTTENERE IL RISULTATO	STABILIRE CONTROLLI PERIODICI SUI RISULTATI	CORREGGERE E RIPARTIRE	STABILIRE QUANDO FARAI FORMAZIONE PER AUMENTAR ELE ABILITA' DELLE PERSONE
COMPRENDI TU SE LUI HA CAPITO COSA OTTENERE, COME FARLO, IN CHE MODO AGIRE	FISSA DELLE DATE CERTE CON DEI TEMPI CERTI PER VERIFICARE COME STA PROCEDENDO LA PERSONA	COSA POSSO FARE AFFINCHE' LA PROSSIMA VOLTA NON SI RIPETA LO STESSO ERRORE	STABILISCI PIANI FORMATIVI AD HOC PER RENDERE PIU' ABILE LA PERSONA

Appunti

Bibliografia

Auteri Enrico, Management delle risorse umane
Blanchard Kenneth, Leader come Gesù.
 Lezioni dal più grande leader di tutti i tempi.
Blanchard Kenneth, L'One Minute per l'imprenditore
Covey Stephen, Isette pilastri del successo
Covey Stephen, L'ottava regola
Freedman Joshua, Intelligenza emotiva al cuore della performa
Jack Welch,Vincere!
Lieberman David J., Il leader vir
Peters Tom, Leadership. Motivare, delegare, realizzare
Peters Tom, ReImagine!
Sun Tzu, L'arte della guerra

ISBN 978-1-4461-5445-8

€ 14,90